Mònica Badia
Laura Miyashiro

¿JUGAMOS A LEER?

¡Más de 50 actividades lúdicas de comprensión lectora!

4
AÑOS

combel

¡Jugamos a leer!

Son unos cuadernos de actividades de **comprensión lectora** para niños y niñas de 4 a 7 años, etapa en la que leer se convierte en una de las herramientas fundamentales para su desarrollo a todos los niveles.

Para los más pequeños leer no es sencillo; será, probablemente, uno de los ejercicios más complejos que realizarán a lo largo de la vida y, por eso, es necesario conseguir que muestren una actitud alegre y positiva ante la lectura.

Las actividades, por tanto, se han desarrollado con un fuerte **componente lúdico**. Cada cuaderno gira alrededor de un tema que, seguro, divertirá a vuestros hijos e hijas, al mismo tiempo que despertará su curiosidad. A través del juego les haremos relacionar, descartar, completar, clasificar y ordenar, con lo que irán aprendiendo las habilidades y estrategias necesarias para leer.

Los ejercicios que proponemos tienen siempre **una única respuesta** y al final de cada cuaderno encontraréis un solucionario que permitirá que se puedan **autocorregir**, hecho que os facilitará mucho el revisar si lo están haciendo bien.

Además, en todos los cuadernos encontraréis algunas **actividades-reto** que, una vez terminadas, les permitirán completar un mapa final que los mantendrá despiertos y atentos hasta la última página.

A continuación, os proponemos algunos **consejos de oro** para acompañar a vuestros hijos e hijas en la lectura de estos cuadernos:

1. Si en algún momento necesitan alguna aclaración, ¡no dudéis en ayudarlos!
2. Si se atascan en alguna actividad, no os rindáis. Ayudadlos sin tensiones. Así verán que no hay dificultad insuperable.
3. A la hora de hacer las actividades, cread un ambiente adecuado, tranquilo y sin prisas.
4. Valorad el esfuerzo que realizan en cada actividad.
5. Aprovechad la temática de cada cuaderno para explorar otros libros sobre esta y demostrarles que la lectura les abre puertas a imaginar e informarse.
6. Consultad el cuaderno con ellos de tanto en tanto; las actividades que han resuelto, las palabras que han aprendido... Releed juntos algunos textos.
7. Mostradles que la lectura se encuentra en cualquier parte: en los carteles de las tiendas, en las etiquetas de la ropa, en los catálogos, etc.
8. Acompañad este momento de sensibilidad ante la lectura para iniciar, si no lo habéis hecho ya, su biblioteca personal: un espacio donde tendrán sus libros y que, al igual que ellos, irá creciendo.

MAX

ESTE ES **MAX**, UN GATO MUY TRAVIESO.
BUSCA LA PALABRA MAX Y RODÉALA
TANTAS VECES COMO SALGA.

¿CUÁNTAS VECES HAS ENCONTRADO LA PALABRA MAX?

☐ UNO ☐ CINCO ☐ DOS

AMIGOS Y AMIGAS DE MAX

¿CONOCES A LOS AMIGOS Y LAS AMIGAS DE MAX?

BLUS   FLOPIS   PI   MARTA

¡TIENEN MUCHA HAMBRE Y MAX
LES HA MEZCLADO LOS PLATOS!
ENCUENTRA EL PLATO DE CADA UNO.

LOS JUGUETES DE MAX

¿QUIERES JUGAR CON MAX? EMPAREJA LOS JUGUETES QUE SON IGUALES.

¿CUÁNTAS PELOTAS HAY? ☐ TRES ☐ CUATRO ☐ DOS

SALIMOS A PASEAR

¿TE GUSTA IR AL PARQUE? A MAX LE GUSTA MUCHO. ACOMPÁÑALO POR EL CAMINO CORRECTO Y ENCONTRARÁ A SUS AMIGOS Y AMIGAS.

¿CÓMO SE LLAMA EL PARQUE? ¡RODÉALO!

PARQUE AZUL | **PARQUE GRANDE** | **PARQUE NUEVO**

¿QUÉ HACE MAX?

MAX SABE HACER MUCHAS COSAS.
TACHA LA QUE **NO** PUEDE HACER.

RODEA DE ROJO LAS **R**.

¡PONTE A PRUEBA!

HOY ES EL CUMPLEAÑOS DE MARTA. TE HA INVITADO A LA FIESTA. BUSCA Y RODEA ESTAS COSAS.

UN GORRO AZUL

UN REGALO AMARILLO

COMIDA DE PERRO

LA TORTUGA MARTA

UN GATO CON UN GLOBO EN LA COLA

¡PRUEBA SUPERADA! PINTA EL NÚMERO 1 EN EL MAPA QUE ENCONTRARÁS AL FINAL DEL CUADERNO.

UN COLLAR DIVERTIDO

LA ILUSTRADORA SE HA QUEDADO SIN PINTURAS. SIGUE LAS INSTRUCCIONES Y PINTA EL COLLAR SEGÚN EL COLOR DE CADA LETRA.

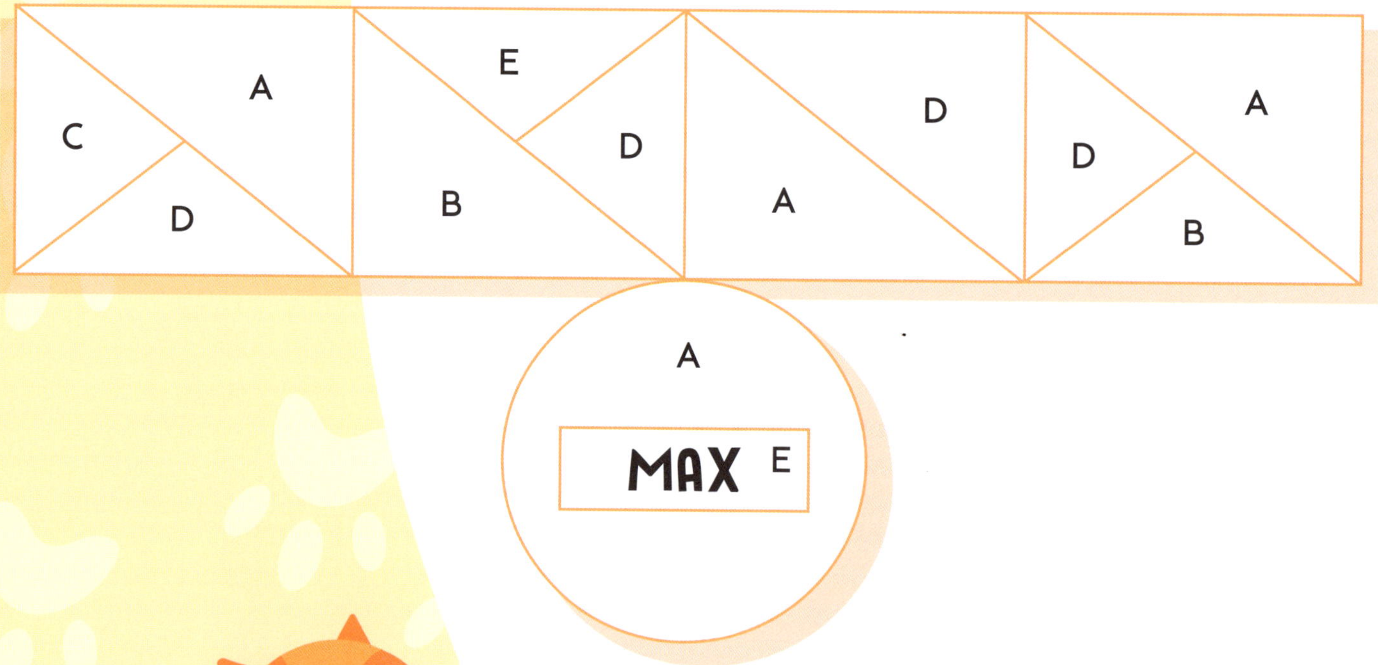

GATOS Y PERROS

¿ERES TAN BUEN DETECTIVE COMO MAX Y BLUS? RODEA DONDE PONE GATO Y PERRO.

GATO

GOTA | CUCO | GATO

PERRO

PERRO | PETO | PESO

TRAVIESOS

¿JUGAMOS AL ESCONDITE? MARCA DÓNDE ESTÁN LOS ANIMALITOS.

☐ DELANTE

☐ DETRÁS

☐ DENTRO

☐ FUERA

☐ ENCIMA

☐ DEBAJO

☐ DELANTE

☐ DETRÁS

☐ DENTRO

☐ FUERA

¡OJO AVIZOR!

SE HA PERDIDO UN PERRITO EN EL BARRIO. ¿PODRÍA SER UNO DE ELLOS? LEE LA DESCRIPCIÓN Y RODÉALO.

AL VETERINARIO

MAX TIENE QUE IR AL **VETERINARIO** Y NO SABE DÓNDE ESTÁ. ¿LO ACOMPAÑAS? RODEA EL EDIFICIO.

¡PONTE A PRUEBA!

¿SABÍAS QUE LOS VETERINARIOS Y VETERINARIAS TIENEN UNA FICHA PARA CADA ANIMALITO? LEE LA DE MAX Y PINTA DEL COLOR QUE SE INDICA.

CLÍNICA VETERINARIA «GATO FELIZ»

NOMBRE: MAX

DIRECCIÓN: CALLE VIOLETA, 6

COLOR: NARANJA CON MANCHAS MARRONES.

EDAD: 3 AÑOS PESO: 4 KG ALTURA: 30 CM

ALIMENTACIÓN: PIENSO, CARNE, FRUTAS Y VERDURAS.

¿DÓNDE VIVE?

¿CUÁNTO PESA?

¿QUÉ COME?

¡PRUEBA SUPERADA! PINTA EL NÚMERO 2 EN EL MAPA QUE ENCONTRARÁS AL FINAL DEL CUADERNO.

IMPRESORA ESTROPEADA

LA IMPRESORA NO FUNCIONA BIEN Y HAN SALIDO ALGUNAS ETIQUETAS CON LAS PALABRAS PEGADAS. BUSCA Y RODEA LA PALABRA **GATO** EN LAS ETIQUETAS.

GATOPERROTORTUGA

CONEJOGATO

MARTABLUSGATO

FLOPISGATOTORTUGA

GATOPERROGATO

MAXGATOBLUS

TORTUGAPERRO

PIGATOPERRO

¿CUÁNTAS VECES HA APARECIDO LA PALABRA **GATO**? RODÉALO.

8 OCHO   6 SEIS   1 UNA

¡VAMOS AL PARQUE!

¿QUIERES IR CON MAX Y SUS AMIGOS Y AMIGAS A JUGAR AL PARQUE? MIRA LAS DOS FOTOS Y ENCUENTRA 5 COSAS DIFERENTES.

ENCUENTRO DE ANIMALES

EN EL PARQUE HABÉIS ENCONTRADO OTROS ANIMALITOS QUE TAMBIÉN QUIEREN JUGAR. BUSCA ESTOS ANIMALES EN LA SOPA DE LETRAS Y RODÉALOS.

TORTUGA

CONEJO

PATO

PERRO

GATO

RATÓN

U	T	L	P	A	T	O
C	O	N	E	J	O	A
F	R	A	R	B	A	R
E	T	T	R	A	T	A
U	U	O	O	I	O	T
O	G	U	V	B	M	O
G	A	T	O	R	R	N

FAMILIA DE RATONES

EN ESTE PARQUE HAY UNA FAMILIA DE RATONES. ¡PARECEN TODOS IGUALES! RODÉALOS SEGÚN EL LADO HACIA DONDE MIRAN.

¿DE CUÁLES HAY MÁS? ☐ ROJOS ☐ VERDES

ENREDO DE COLLARES

¿TIENES BUENA VISTA? SE HAN MEZCLADO LOS COLLARES Y BLUS NO ENCUENTRA EL SUYO. ¡LEE LAS PISTAS Y AYÚDALE A ENCONTRARLO! TACHA LOS QUE NO LO SON.

PISTAS

- NO ES ROJO.
- NO TIENE UN HUESO.
- TIENE UNA HEBILLA MARRÓN.
- TIENE UNA ETIQUETA MARRÓN.

MÁS COLLARES

PARA NO VOLVER A EQUIVOCARNOS, LES PONDREMOS UNA MEDALLA CON LA INICIAL DE CADA UNO. FÍJATE EN LA PRIMERA LETRA DE CADA NOMBRE Y ELIGE LA MEDALLA. ¡ATENCIÓN! LA DE MARTA Y MAX SON IGUALES.

BLUS

PI

MARTA

MAX

FLOPIS

¡QUÉ RUIDO!

¿ALGUNA VEZ HAS OÍDO UN CONCIERTO DE ANIMALES? EN EL PARQUE, ALGUNOS SE HAN PUESTO A CANTAR. ¿SABES DE QUIÉN ES CADA VOZ? RELACIONA.

SOMBRAS

AHORA JUGÁIS A MIRAR LAS SOMBRAS QUE PROYECTA CADA UNO. ¿DE QUIÉN ES CADA SOMBRA?

¿HACEMOS CONSTRUCCIONES?

¿ALGUNA VEZ HAS CONSTRUIDO UNA TORRE CON BLOQUES DE MADERA? PINTA LOS BLOQUES SEGÚN LA PIEZA QUE LES FALTA PARA CONSTRUIR LAS PALABRAS.

TU JO TÓN PA

TOR ___ GA TORTUGA

RA ___ RATÓN

___ TO PATO

CO NE ___ CONEJO

¡PONTE A PRUEBA!

SI TE GUSTA LEER, EN LA BIBLIOTECA ENCONTRARÁS MUCHOS LIBROS DE ANIMALES. RODEA LOS LIBROS DE GATOS.

¡PRUEBA SUPERADA! PINTA EL NÚMERO 3 EN EL MAPA QUE ENCONTRARÁS AL FINAL DEL CUADERNO.

UN CUENTO DE GATOS

AHORA LEERÁS UN CUENTO QUE EXPLICA LA HISTORIA DE MAX.

HABÍA UNA VEZ UN GATO QUE SE LLAMABA MAX. ERA MUY PEQUEÑITO Y NO TENÍA FAMILIA. VIVÍA EN UNA RESIDENCIA PARA ANIMALITOS.

UN DÍA UNA NIÑA LO VIO Y SU FAMILIA LO ADOPTÓ. SE LO LLEVARON A SU CASA Y VIVIÓ MUY FELIZ.

BUSCA Y RODEA ESTAS PALABRAS EN EL CUENTO.

GATO **MAX** **FAMILIA**

NIÑA **CASA**

MÁS LIBROS DE ANIMALES

MAX HA ENCONTRADO MUCHOS LIBROS QUE LE GUSTAN. HA LEÍDO UNOS CUANTOS Y AHORA DEBE ORDENARLOS EN LA ESTANTERÍA, DE MÁS GRANDE A MÁS PEQUEÑO. ¡NECESITA AYUDA! ORDÉNALOS DEL **1** (EL MÁS **GRANDE**) AL **5** (EL MÁS **PEQUEÑO**).

PASEO POR LA CIUDAD

MIENTRAS SEGUÍS EL PASEO POR LA CIUDAD, JUGÁIS A SALTAR BALDOSAS. ¿HAS JUGADO ALGUNA VEZ? DEBES SALTAR ENTRE BALDOSAS DEL MISMO COLOR. PÍNTALAS SIGUIENDO LAS INSTRUCCIONES.

ANIMALES ESCONDIDOS

¿TE GUSTAN LOS MISTERIOS? A VER SI AVERIGUAS QUIÉN SE ESCONDE DETRÁS DE LOS ARBUSTOS. RELACIONA.

TORTUGA

RATÓN

PERRO

HA LLEGADO UN BARCO...

HA LLEGADO UN BARCO CARGADO DE PALABRAS QUE EMPIEZAN POR G. ¡RODÉALAS!

CONEJO

GUEPARDO

ELEFANTE

GATO

CABALLO

PERRO

JIRAFA

GANSO

PÁJARO

SAPO

GAVIOTA

SIGUIENDO EL RASTRO

MARTA VA MUY DESPACIO. DEBE SEGUIR EL RASTRO QUE HAN DEJADO SUS AMIGOS Y AMIGAS PARA ATRAPARLOS. ¿LA AYUDAS? RECORRE LOS CAMINOS.

MARIPOSAS DE COLORES

A MAX LE GUSTA JUGAR CON LAS MARIPOSAS.
¿HAS VISTO QUÉ COLORES MÁS BONITOS?
EMPAREJA LAS QUE SON IGUALES.

¡VAMOS AL CINE!

EN LA PARADA DEL AUTOBÚS ENCUENTRAS ESTE CARTEL DE CINE. ¡MIRA QUÉ PELÍCULA HACEN!

BUSCA Y RODEA LA PALABRA **GATO**.

¿QUÉ LLEVA ESTE GATO? ☐ BOTAS ☐ ZAPATILLAS

¿QUÉ DÍA LA ESTRENAN? ☐ LUNES ☐ VIERNES

JUGAMOS AL ESCONDITE

¿DÓNDE SE HAN ESCONDIDO LOS ANIMALES?
A VER SI ERES CAPAZ DE ENCONTRARLOS.
¡RODÉALOS!

¡PONTE A PRUEBA!

¡MAX HA TREPADO A UN ÁRBOL Y AHORA NO SABE BAJAR! TENDRÁS QUE AVISAR A LOS BOMBEROS. BUSCA SU TELÉFONO EN ESTA WEB Y RODÉALO.

¡PRUEBA SUPERADA! PINTA EL NÚMERO 4 EN EL MAPA QUE ENCONTRARÁS AL FINAL DEL CUADERNO.

¡VIVAN LOS BOMBEROS!

LOS BOMBEROS HAN LLEGADO. ¡ES MUY EMOCIONANTE VER CÓMO TRABAJAN! ORDENA DEL 1 AL 3 CÓMO HA IDO EL RESCATE.

¡OJO AVIZOR!

¿ERES CAPAZ DE DESHACER ESTE ENREDO?

¿CUÁNTOS ANIMALES HAY?

- [ ] DOS
- [ ] TRES

MARCA QUÉ ANIMALES HAY.

- [ ] TORTUGA
- [ ] CONEJO
- [ ] PERRO

¡A CASA!

ES HORA DE VOLVER A CASA. ¿SABES CÓMO SE LLAMA LA CALLE DE MAX? RESIGUE LOS HILOS Y LO DESCUBRIRÁS.

COCHES DE COLORES

DE CAMINO A CASA OS ENCONTRÁIS UNA COLA DE COCHES DE MUCHOS COLORES. HAY UNO QUE NO ESTÁ REPETIDO, RODÉALO.

¡PONTE A PRUEBA!

MAX YA ESTÁ EN CASA. ¡TODOS ESTÁN MUY CONTENTOS DE VERLO! ENCUENTRA 5 DIFERENCIAS ENTRE LAS DOS FOTOGRAFÍAS.

¡PRUEBA SUPERADA! PINTA EL NÚMERO 5 EN EL MAPA QUE ENCONTRARÁS AL FINAL DEL CUADERNO.
¡ENHORABUENA! HAS SUPERADO TODOS LOS RETOS Y HAS HECHO NUEVOS AMIGOS Y AMIGAS.

SOLUCIONARIO

MAX
ESTE ES MAX, UN GATO MUY TRAVIESO. BUSCA LA PALABRA MAX Y RODÉALA TANTAS VECES COMO SALGA.
MAX
MAX
MAX
MAX
MAX
¿CUÁNTAS VECES HAS ENCONTRADO LA PALABRA MAX?
UNO
CINCO
DOS

4

AMIGOS Y AMIGAS DE MAX
¿CONOCES A LOS AMIGOS Y LAS AMIGAS DE MAX?
BLUS
FLOPIS
PI
MARTA
¡TIENEN MUCHA HAMBRE Y MAX LES HA MEZCLADO LOS PLATOS! ENCUENTRA EL PLATO DE CADA UNO.
MARTA
PI
BLUS
FLOPIS

5

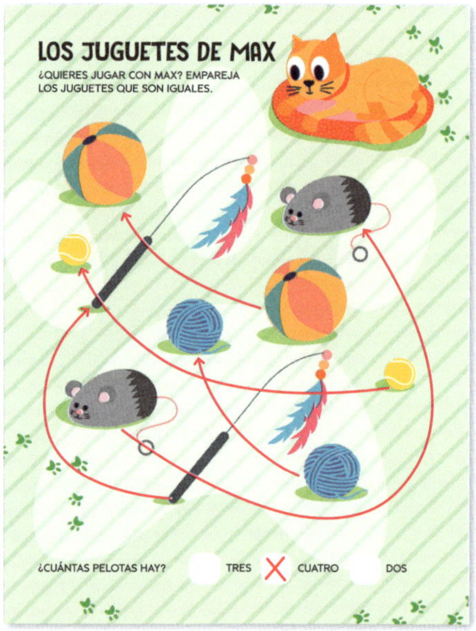
LOS JUGUETES DE MAX
¿QUIERES JUGAR CON MAX? EMPAREJA LOS JUGUETES QUE SON IGUALES.
¿CUÁNTAS PELOTAS HAY?
TRES
CUATRO
DOS

6

SALIMOS A PASEAR
¿TE GUSTA IR AL PARQUE? A MAX LE GUSTA MUCHO. ACOMPÁÑALO POR EL CAMINO CORRECTO Y ENCONTRARÁ A SUS AMIGOS Y AMIGAS.
PARQUE NUEVO
¿CÓMO SE LLAMA EL PARQUE? ¡RODÉALO!
PARQUE AZUL
PARQUE GRANDE
PARQUE NUEVO

7

¿QUÉ HACE MAX?
MAX SABE HACER MUCHAS COSAS. TACHA LA QUE NO PUEDE HACER.
PATINAR
COMER
DORMIR
LAVARSE
TREPAR
JUGAR
RODEA DE ROJO LAS R

8

¡PONTE A PRUEBA!
HOY ES EL CUMPLEAÑOS DE MARTA. TE HA INVITADO A LA FIESTA. BUSCA Y RODEA ESTAS COSAS.
UN GORRO AZUL
UN REGALO AMARILLO
COMIDA DE PERRO
LA TORTUGA MARTA
UN GATO CON UN GLOBO EN LA COLA
¡PRUEBA SUPERADA! PINTA EL NÚMERO 1 EN EL MAPA QUE ENCONTRARÁS AL FINAL DEL CUADERNO.

9

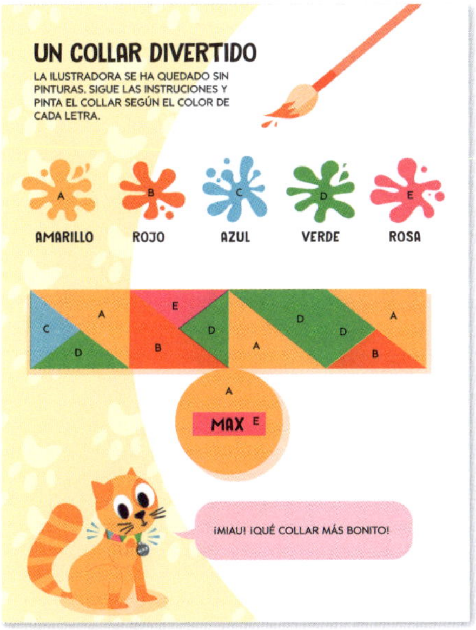

UN COLLAR DIVERTIDO

LA ILUSTRADORA SE HA QUEDADO SIN PINTURAS. SIGUE LAS INSTRUCIONES Y PINTA EL COLLAR SEGÚN EL COLOR DE CADA LETRA.

10

GATOS Y PERROS

¿ERES TAN BUEN DETECTIVE COMO MAX Y BLUS? RODEA DONDE PONE GATO Y PERRO.

11

TRAVIESOS

¿JUGAMOS AL ESCONDITE? MARCA DÓNDE ESTÁN LOS ANIMALITOS.

12

¡OJO AVIZOR!

SE HA PERDIDO UN PERRITO EN EL BARRIO. ¿PODRÍA SER UNO DE ELLOS? LEE LA DESCRIPCIÓN Y RODÉALO.

13

AL VETERINARIO

MAX TIENE QUE IR AL **VETERINARIO** Y NO SABE DÓNDE ESTÁ. ¿LO ACOMPAÑAS? RODEA EL EDIFICIO.

14

¡PONTE A PRUEBA!

¿SABÍAS QUE LOS VETERINARIOS Y VETERINARIAS TIENEN UNA FICHA PARA CADA ANIMALITO? LEE LA DE MAX Y PINTA DEL COLOR QUE SE INDICA.

15

IMPRESORA ESTROPEADA

LA IMPRESORA NO FUNCIONA BIEN Y HAN SALIDO ALGUNAS ETIQUETAS CON LAS PALABRAS PEGADAS. BUSCA Y RODEA LA PALABRA **GATO** EN LAS ETIQUETAS.

- GATOPERROTORTUGA
- CONEJOGATO
- MARTABLUSGATO
- FLOPISGATOTORTUGA
- GATOPERROGATO
- MAXGATOBLUS
- TORTUGAPERRO
- PIGATOPERRO

¿CUÁNTAS VECES HA APARECIDO LA PALABRA **GATO**? RODÉALO.

8 OCHO 6 SEIS 1 UNA

16

¡VAMOS AL PARQUE!

¿QUIERES IR CON MAX Y SUS AMIGOS Y AMIGAS A JUGAR AL PARQUE? MIRA LAS DOS FOTOS Y ENCUENTRA 5 COSAS DIFERENTES.

17

ENCUENTRO DE ANIMALES

EN EL PARQUE HABÉIS ENCONTRADO OTROS ANIMALITOS QUE TAMBIÉN QUIEREN JUGAR. BUSCA ESTOS ANIMALES EN LA SOPA DE LETRAS Y RODÉALOS.

- TORTUGA
- CONEJO
- PATO
- PERRO
- GATO
- RATÓN

U	T	L	P	A	T	O
C	O	N	E	J	O	A
F	R	A	R	B	A	R
E	T	T	R	A	T	A
U	U	O	O	I	O	T
O	G	U	V	B	M	O
G	A	T	O	R	R	N

18

FAMILIA DE RATONES

EN ESTE PARQUE HAY UNA FAMILIA DE RATONES. ¡PARECEN TODOS IGUALES! RODÉALOS SEGÚN EL LADO HACIA DONDE MIRAN.

¿DE CUÁLES HAY MÁS? ROJOS VERDES

19

ENREDO DE COLLARES

¿TIENES BUENA VISTA? SE HAN MEZCLADO LOS COLLARES Y BLUS NO ENCUENTRA EL SUYO. ¡LEE LAS PISTAS Y AYÚDALE A ENCONTRARLO! TACHA LOS QUE NO LO SON.

PISTAS

- NO ES ROJO.
- NO TIENE UN HUESO.
- TIENE UNA HEBILLA MARRÓN.
- TIENE UNA ETIQUETA MARRÓN.

20

MÁS COLLARES

PARA NO VOLVER A EQUIVOCARNOS, LES PONDREMOS UNA MEDALLA CON LA INICIAL DE CADA UNO. FÍJATE EN LA PRIMERA LETRA DE CADA NOMBRE Y ELIGE LA MEDALLA. ¡ATENCIÓN! LA DE MARTA Y MAX SON IGUALES.

21

¡QUÉ RUIDO!

¿ALGUNA VEZ HAS OÍDO UN CONCIERTO DE ANIMALES? EN EL PARQUE, ALGUNOS SE HAN PUESTO A CANTAR. ¿SABES DE QUIÉN ES CADA VOZ? RELACIONA.

¡PÍO, PÍO!

¡CUI, CUI!

¡GUAU, GUAU!

¡CUAC, CUAC!

¡MIAU, MIAU!

22

SOMBRAS

AHORA JUGÁIS A MIRAR LAS SOMBRAS QUE PROYECTA CADA UNO. ¿DE QUIÉN ES CADA SOMBRA?

23

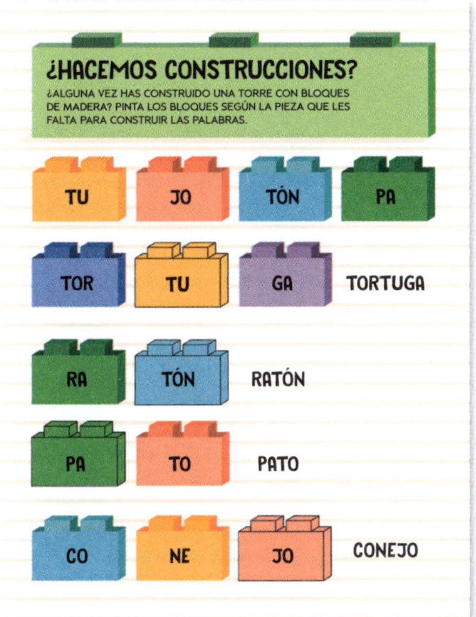

¿HACEMOS CONSTRUCCIONES?

¿ALGUNA VEZ HAS CONSTRUIDO UNA TORRE CON BLOQUES DE MADERA? PINTA LOS BLOQUES SEGÚN LA PIEZA QUE LES FALTA PARA CONSTRUIR LAS PALABRAS.

TU JO TÓN PA

TOR TU GA TORTUGA

RA TÓN RATÓN

PA TO PATO

CO NE JO CONEJO

24

¡PONTE A PRUEBA!

SI TE GUSTA LEER, EN LA BIBLIOTECA ENCONTRARÁS MUCHOS LIBROS DE ANIMALES. RODEA LOS LIBROS DE GATOS.

¡PRUEBA SUPERADA! PINTA EL NÚMERO 3 EN EL MAPA QUE ENCONTRARÁS AL FINAL DEL CUADERNO.

25

UN CUENTO DE GATOS

AHORA LEERÁS UN CUENTO QUE EXPLICA LA HISTORIA DE MAX.

HABÍA UNA VEZ UN GATO QUE SE LLAMABA MAX. ERA MUY PEQUEÑITO Y NO TENÍA FAMILIA. VIVÍA EN UNA RESIDENCIA PARA ANIMALITOS.

UN DÍA UNA NIÑA LO VIO Y SU FAMILIA LO ADOPTÓ. SE LO LLEVARON A SU CASA Y VIVIÓ MUY FELIZ.

BUSCA Y RODEA ESTAS PALABRAS EN EL CUENTO.

GATO MAX FAMILIA NIÑA CASA

26

MÁS LIBROS DE ANIMALES

MAX HA ENCONTRADO MUCHOS LIBROS QUE LE GUSTAN. HA LEÍDO UNOS CUANTOS Y AHORA DEBE ORDENARLOS EN LA ESTANTERÍA, DE MÁS GRANDE A MÁS PEQUEÑO. ¡NECESITA AYUDA! ORDÉNALOS DEL 1 (EL MÁS **GRANDE**) AL 5 (EL MÁS **PEQUEÑO**).

27

28

29

30

31

32

33

34

35

36

37

38 39 40

MAPA DE LA CIUDAD

Pinta lo que vas superando
hasta llegar a casa de MAX.